WIDMUNG

H. Jackson Brown Jr.

Gedanken zu einem positiven Leben

Band 2

aus

Life's Little Instruction Book
Volume 2

mit 15 Farbfotos

Lichtquellen

Quellen-Verlag
St.Gallen

EINFÜHRUNG

Das Leben ist ein fortlaufender Entwicklungsprozess. Wir sind dauernd im Werden, gleich grünen Tomaten, die auf dem Fenstersims langsam reifen. Da meine Erfahrungen reifer werden, ich dadurch mehr lerne und besinnlicher werde, frage ich mich, wie meine neuen Erkenntnisse meinem Sohn Adam nützlich sein könnten.

Vor einigen Jahren, als er das Haus verliess, um an die Universität zu gehen, habe ich ihm eine Reihe von Ratschlägen aufgeschrieben. Damals dachte ich, dass die Liste ziemlich vollständig sei. Jedoch, einige Tage nachdem ich ihm die 32 handgetippten Seiten übergeben hatte, die zu *Life's Little Instruction Book* werden sollten, kamen mir schon neue Gedanken in den Sinn, welche ich gerne angefügt hätte. Wie konnte ich nur die folgenden Ratschläge vergessen, wie zum Beispiel: «Sei nie der erste, der eine Familientradition bricht», oder «Glaube an Liebe auf den ersten Blick», oder den praktischen Hinweis «Sei offen und kontaktfreudig, der nächste Mensch, den Du triffst, könnte Dein bester Freund werden» und «Lass nicht zu, dass eine kleine Meinungsverschiedenheit eine gute Freundschaft trübt». Es blieb mir nur das eine übrig, nämlich nochmals eine neue Gedankensammlung zusammenzustellen. Ich nahm mir vor, dass ich ihm die neue Liste erst dann zustellen würde, wenn ich die gleiche Anzahl Texte zusammen hätte wie im ersten Buch. An diesem Projekt arbeitete ich zwei Jahre.

Als Adam die neue Gedankensammlung bekam, rief er mich an und sagte: «Vater, die ist wunderbar. Ich glaube, dass sie noch nützlicher ist als die erste.» Aus lauter Freude fragte er mich, ob er in zwei Jahren wieder einen neuen Band «Gedanken zu einem positiven Leben» erhalten werde. Diese Worte bereiteten mir eine grosse Freude und Genugtuung. Ich begegne dem Leben mit tieferem Einblick, und mehr und mehr Einsichten verfangen sich in meinem Netz. Wie ein Fischer ziehe ich das Netz ein, sortiere den Fang und steure dem Hafen zu. Es ist spät und schon dunkel. Vor mir auf dem Dock erblicke ich einen jungen Mann mit einer Laterne in der Hand, der mich willkommen heisst.
Es ist mein Sohn Adam.

Autor H. Jackson Brown Jr.
mit Sohn Adam

1.

Du hast vielleicht Glück und wirst auch noch reich. Aber sorge dafür, dass Deine Arbeit etwas enthält, das Deinen Geist ebenso bereichert wie Dein Bankkonto.

LABRADORIT
Madagaskar

2.

Gib den Leuten mehr, als sie von Dir erwarten, und tue es von Herzen.

3.

Erfährst Du, dass ein guter Freund krank geworden ist, stelle ihm keine Fragen. Gib ihm die Gelegenheit, von sich aus davon zu erzählen.

4.

Sorge dafür, dass die Strafe dem Vergehen angemessen ist.

5.

Ein gesundes Klima in Deinem Haus ist äusserst wichtig. Unternimm alles, um ein ruhiges und harmonisches Zuhause zu schaffen.

6.
Stehe aufrecht und gerade, denn an Deiner Haltung erkennt man auch Dein Inneres.

7.
Sitz weniger vor dem Fernseher.

8.
Stelle an Dich selbst die höchsten Ansprüche.

9.
Behalte Deine persönlichen Gedanken für Dich.

10.
Wenn Dir Freunde Hilfe anbieten, nimm sie an.

11.
Übersehe das Böse nicht.

12.
Lass Deine Arbeit im Geschäft.

13.

Wenn Du verlierst:
vergiss wenigstens die Lektion nicht!

14.

Wenn Du eine Rede hältst, konzentriere Dich auf das, was Du Deinen Zuhörern geben kannst, und nicht auf das, was Du von ihnen erwartest.

15.

Erwarte nicht, dass die schönsten Geschenke in hübscher Verpackung kommen.

16.

Denke daran, dass der kürzeste Weg, um irgendwohin zu kommen, darin besteht, in guter Gesellschaft zu reisen.

17.

Sei bereit für Veränderungen, aber lass Deine Prinzipien nicht fallen.

18.

Nimm die Sonnenbrille ab, wenn Du mit jemandem sprichst.

19.

Kaufe Deiner Verlobten den schönsten Fingerring, den Du Dir leisten kannst.

20.

Denke daran, dass die Person, die ein Ei stiehlt, auch ein Huhn stehlen kann.

21.

Versuch wieder einmal ein Liebesgedicht zu schreiben.

22.

Wenn Du Fragen stellst und Antworten erhältst, lerne zuzuhören. Dadurch wirst Du den andern kennenlernen.

23.

Ist die Bedienung aussergewöhnlich gut, hinterlasse ein grosszügiges Trinkgeld und schreibe eine kurze Notiz; z. B. «Danke für die ausgezeichnete Bedienung. Sie haben dazu verholfen, dass unsere Mahlzeit zu einem besonderen Erlebnis wurde.»

24.

Schenke den Dingen, die Dein Leben positiv gestalten, ebenso viel Aufmerksamkeit wie denen, welche Dir Sorge bereiten.

ACHAT/VERSTEINERTES HOLZ

Alter: 120 Mio. Jahre Brasilien

25.

Wirst Du für ein Gericht als Geschworener angefragt, ist es Deine Bürgerpflicht zuzustimmen. Du wirst dabei eine Menge lernen.

26.

Führe eine Liste mit Deinen beruflichen Erfolgen am Arbeitsplatz. Wenn Du eine Salärerhöhung verlangst, hast Du die Angaben bereit, die Du benötigst, um Deinem Anliegen Nachdruck zu verschaffen.

27.

Merkst Du, dass Du einen Fehler begangen hast, stehe dazu und versuche ihn sofort zu korrigieren.

28.

Hast Du die Wahl zwischen zwei anregenden Beschäftigungen, wähle jene, die neu ist für Dich.

29.

Ein Rennpferd, das nur immer eine Sekunde schneller als die anderen rennt, ist eine Million wert. Sei bereit, Dich immer etwas mehr als die anderen anzustrengen. Das macht den Unterschied zwischen dem Sieger und dem, der auf den zweiten Platz kommt.

30.

Wenn Du siehst, dass Touristen sich gegenseitig fotografieren, biete Dich an, ein Foto von der ganzen Gruppe zu machen.

31.

Erwarte nicht, dass Deine Liebe allein
einen unordentlichen Menschen
in einen ordentlichen verwandeln kann.

32.

Sei höflich und gerecht,
unabhängig davon, wie andere Dich behandeln.
Lass nicht zu, dass sie Dein Verhalten
bestimmen können.

33.

Wenn Du total erschöpft bist, aber doch
weitermachen musst, wasche Dein Gesicht und
Deine Hände, ziehe frische Socken und ein
sauberes Hemd an. Du wirst staunen, wie frisch
Du Dich danach fühlst.

34.

Sei ein Original. Wenn das bedeutet, ein bisschen exzentrisch zu sein, dann sei es.

35.

Ärgere Dich nicht über andere Strassenbenützer.

36.

Lass von allen wichtigen Schlüsseln ein Doppel anfertigen.

37.

Kannst Du nichts Nettes sagen, so sage nichts.

38.

Sorge dafür, dass Du zu Hause und in Deinem Fahrzeug immer ein gutes und nachgefülltes Erste-Hilfe-Sortiment hast.

39.

Denke daran: Respektiere Dich selbst, respektiere andere und trage selbst Verantwortung für all Dein Tun.

40.

Wenn Du ein Geschäft abschliesst und die Gegenpartei vorschlägt, die Vertragsdetails später auszuarbeiten, teile ihr mit, dass Du sie verstehst, aber dass Du die Sache gleich erledigt haben willst. Geh nicht vom Tisch, bevor alles geregelt ist.

41.

Denke daran, dass grosse Liebe und grosse Erfolge auch grosse Risiken mit sich bringen.

PYRIT
USA

42.

Bittet man Dich, Klavier zu spielen, tue es ohne Dich erst zu zieren oder Dich für Fehler zu entschuldigen.

43.

Wenn Du zum Essen eingeladen bist, bring eine kleine Aufmerksamkeit für die Gastgeber mit. Ein Buch ist immer eine gute Wahl.

44.

Wenn Dir jemand vorschlägt, jetzt oder später zu bezahlen, so wähle jetzt.

45.

Bewundere Leute nicht wegen ihres Reichtums, sondern wegen der kreativen oder grosszügigen Art, wie sie ihn zu gebrauchen wissen.

46.

Kannst Du zu einer Verabredung nicht erscheinen, lass es die andern möglichst frühzeitig wissen.

47.

Sei vorsichtig, wenn Du anderen Leuten erzählst, wie zufrieden und glücklich Du bist. Viele sind Dir neidisch.

48.

Nimm auf Reisen zwei grosse Sicherheitsnadeln mit, damit Du die Vorhänge über den Lichtspalt zusammen stecken kannst.

49.

Erwarte nicht, dass Deine Bank Dir in einer Krise zu Hilfe eilt.

50.

Übersieh des Lebens
kleine Freuden nicht, während
Du auf der Suche nach den
grossen bist.

51.

Fahre Dein Auto so, wie Du es von Deinen Kindern erwartest. Fahre nie zu schnell oder rücksichtslos mit Kindern im Fahrzeug.

52.

Sei bescheiden und höflich, aber lass Dich von niemandem herumkommandieren.

53.

Stelle Deinen Vorgesetzten in ein gutes Licht.

54.

Frage Dich, ob Du mit gutem Gewissen Deinen Hausschlüssel den zwei besten Freunden überlassen würdest. Wenn nicht, suche neue, bessere Freunde.

55.

Mach es Dir zur Gewohnheit, vor dem Einschlafen etwas Erbauliches und Aufheiterndes zu lesen.

56.

Denke daran, dass jemand, der leichtsinnig mit Geld umgeht, auch leichtsinnig auf anderen Gebieten ist.

57.

Sage nie: «Mein Kind würde das nie tun!»

58.

Erwarte nicht, dass jemand weiss, was Du Dir zu Weihnachten wünschst, wenn Du es vorher niemandem gesagt hast.

59.

Fülle Deine Steuererklärung immer korrekt aus.

60.

Die Hoffnung auf Erfolg ist schon die Hälfte der Freude.

61.

Glaube an Liebe auf den ersten Blick.

62.

Entschuldige Dich nie, wenn Du zu früh zu einem Treffen erscheinst.

63.

Wenn Du einen Film entwickeln lässt, bestelle zusätzliche Kopien. Schicke diese an die Leute, die auf den Fotos abgebildet sind.

64.
Erfülle jemandem seinen Wunschtraum.

65.
Denke daran, dass Du nicht weisst, was andere denken.

66.
Spreche mit jeder Person, die einsam und allein auf der Parkbank sitzt.

67.
Es gibt immer jemanden, der Dich als Vorbild ausgewählt hat, enttäusche ihn oder sie nicht.

68.
Schau Deinem Gegenüber in die Augen, wenn Du mit ihm sprichst.

EISENOXYD IN TONSCHIEFER
Schweiz

69.
Wer über sich selbst lachen kann,
hat wenigstens einen Grund zum Lachen.

70.
Selbst bei bescheidenem Gehalt
lege regelmässig Geld auf die Seite.
Auf diese Weise kannst Du so gut wie
sicher auf finanziellen Erfolg zählen.

71.
Sei zu Deiner Familie so freundlich,
wie Du zu Deinen Gästen bist.

72.
Engagiere Dich in der Lokalpolitik.
Politik ist zu wichtig,
um sie den Politikern zu überlassen.

73.

Wenn Du in ein Restaurant mit fremdländischer Küche essen gehst, bestelle etwas, das Du zu Hause nicht selbst zubereiten kannst.

74.

Was immer Du erledigen musst, tue es mit Freude.

75.

Verliere nie die Nerven, die Geduld und die Autoschlüssel.

76.

Akzeptiere die Tatsache, dass Du, so oft Du auch recht haben magst, manchmal auch unrecht haben wirst.

77.

Hole eine Information ein, wenn Du Dir über den Ruf einer Firma nicht im klaren bist.

78.

Wenn Du weisst, dass sich jemand mit viel Mühe schön angezogen hat, mache ihm oder ihr ein Kompliment.

79.

Gehe nie aus der Küche, wenn noch etwas auf dem Herd am Kochen ist.

80.

Deine Kinder müssen ihre Sachen selbst aufräumen und versorgen; das ist nicht Deine Aufgabe.

81.

Je besser Du informiert bist, desto weniger hast Du Angst.

82.

Wenn Deine Kinder zu musizieren anfangen, kaufe ihnen ein gutes Instrument.

83.

Sei nie der erste, der eine Familientradition bricht.

84.

Wenn ein Klavier transportiert werden muss, greif nicht nach dem Hocker.

85.

Denke daran: Dein Charakter ist Dein Schicksal.

86.

Verpasse keine Gelegenheit, auf einer Berg-und-Tal-Bahn mitzufahren.

87.

Denke daran: Fast alles sieht nach einem guten Schlaf besser aus.

88.

Ehrlichkeit ist eine ernst zu nehmende Angelegenheit. Wenn Du andere kritisierst, bedenke, dass weniger mehr ist.

89.

Sei nicht überrascht festzustellen, dass das Glück immer jenen zulächelt, die darauf vorbereitet sind.

90.

Glaube nicht alles, was Du hörst, gib nicht alles aus, was Du hast, und schlafe nicht so lange, wie Du möchtest.

91.

Verwechsle Torheit nicht mit Mut oder Tapferkeit.

92.

Erwerbe nie etwas, das Du nicht brauchen kannst.

93.

Beurteile Deinen Erfolg an dem, was Du dafür aufgegeben hast, um ihn zu erreichen.

94.

Halte ein zweites Rasierset für Reisen bereit.

95

Verschwende keine Zeit, indem Du auf eine Eingebung wartest. Fange an, die Eingebung wird sich finden.

96.

Sei nicht so versessen auf Deine Rechte, dass Du darob Dein gutes Benehmen vergisst.

97.

Übe Dich darin, zwischen den Zeilen zu lesen.

98.

Setze Dein Fahrzeug nicht in Bewegung, bevor alle Mitfahrer angeschnallt sind.

99.

Halte nicht Ausschau nach Problemen.

GONIATIT/CLYMENIA, VERSTEINERUNG

Alter: 350 Mio. Jahre — Marokko

100.
Ein Geschenk oder Blumen zu schicken, ersetzt Deine Gegenwart nicht.

101.
Möchtest Du wirklich etwas haben, lass Dich wegen ein paar Geldstücken nicht davon abhalten, es zu kaufen.

102.
Sage nie etwas Negatives über Deine Frau oder über Deine Kinder in Anwesenheit anderer.

103.
Reise, entdecke Neues und denke daran, dass Offenheit und Aufnahmebereitschaft dazu gehören.

104.

Lass nicht zu, dass eine kleine Meinungsverschiedenheit eine gute Freundschaft trübt.

105.
Sorgen sind ein hartes Ruhekissen. Macht Dir etwas Kummer, schreibe drei Möglichkeiten nieder, bevor Du zu Bett gehst, was Du am folgenden Tag tun kannst, um das Problem zu lösen.

106.
Findest Du jemanden, der kleine Arbeiten gut erledigt, gib ihm die Verantwortung für grössere Dinge.

107.
Mache Deine Hausaufgaben, sei über alles informiert, aber denke daran, dass es die Begeisterung ist, die überzeugt.

108.
Brauchst Du einen Geschäftspartner, versichere Dich, dass er auch Geld mitbringt.

109.
Wenn Du für eine Organisation arbeitest, deren Entscheidungen in einem Komitee getroffen werden, sorge dafür, dass Du zum Komitee gehörst.

110.
Tue das Richtige, ungeachtet davon, was andere denken.

111.
Sei schonungslos realistisch, was Deine Finanzen betrifft.

112.
Das Leben bietet Dir manchmal einen zauberhaften Augenblick. Geniesse ihn.

113.
Ist Dein Freund oder ein von Dir geschätzter Mensch erkrankt, denke daran, dass Hoffnung und positives Denken eine starke Medizin sind.

114.
Stelle klare, faire und logische Regeln für Deine Kinder auf.

115.
Habe immer etwas Kleingeld in der Tasche und einen 20-Mark-Schein versteckt für Notfälle bei Dir.

116.

Denke daran: Was richtig ist,
ist nicht immer beliebt, und was beliebt ist,
ist nicht immer richtig.

117.

Heirate eine Frau, mit der Du gerne Gespräche führst. Wenn Du älter wirst, wird ihre Gewandtheit im Gespräch ebenso wichtig sein wie ihre anderen Gaben.

118.

Fühlst Du in Deinen Knochen, dass Du etwas tun möchtest und dass es das Richtige ist, dann tue es. Plötzliche Eingebungen sind oft genauso wichtig wie Taten.

119.

Wähle einen Geschäftspartner so aus wie einen Tennispartner. Er soll da stark sein, wo Du Schwächen aufweist.

120.

Denke daran, dass in dem Augenblick, in dem Du sagst: «Ich gebe auf», jemand anders in der gleichen Lage sagt: «Na, was für eine tolle Gelegenheit.»

121.

Lass es nicht zu, dass Deine Familie zu beschäftigt ist, um sich nicht mindestens einmal täglich gemeinsam für eine Mahlzeit an den Tisch zu setzen.

ROSENQUARZ
Brasilien

122.

Ergreife jede Gelegenheit, in Deinem Beruf Neues zu lernen.

123.

Schreibe Datum und Namen von Nicht-Familienmitgliedern auf die Rückseite aller Fotos, sobald sie entwickelt sind.

124.

Termine sind wichtig, halte sie ein.

125.

Kleide Dich etwas besser als Deine Kunden, doch nicht so gut wie Dein Vorgesetzter.

126.

Verwechsle Güte nicht mit Schwäche.

127.

Bitte die Person, die Dir den Weg weist, ihre Auskunft mindestens zweimal zu wiederholen.

128.

Denke daran, dass nicht alle so ordentlich sein können wie Du.

129.

Sage, was Du meinst, und meine, was Du sagst.

130.

Schäme Dich Deines Patriotismus nicht.

131.

Wenn Du ein Hindernis bewältigen musst, denke nicht, dass es während Deines Wartens kleiner wird.

132.

Beginne jeden Tag, indem Du das Wichtigste erledigst. Weniger wichtige Aufgaben können später gemacht werden.

133.

Hast Du Dich verlaufen, stehe dazu und frage andere nach der Richtung.

134.

Vergibst Du einen grösseren Auftrag an einen Handwerker, mache einen Vertrag oder verlange eine schriftliche Offerte, in welcher auch festgehalten ist, wieviel Strafe zu bezahlen ist, wenn die Arbeit nicht termingerecht beendet wird.

135.

Verliere, ohne Dich zu rechtfertigen.

136.

Lese mehr Bücher.

137.

Schäme Dich ehrlich geweinter Tränen nie.

138.

Sei Dir Deiner persönlichen Werte bewusst.

139.

Sei der erste, der für eine gerechte Sache eintritt.

140.

Halte am 1. April jemanden zum Narren.

141.

Erziehe mit sanfter Hand.

142.

Wenn Du etwas kaufst, das Du nur einmal im Leben zu kaufen brauchst, dann kaufe die beste Qualität, die Du Dir leisten kannst.

143.

Lese die Notizen an den Anschlagbrettern in Warenhäusern, Bibliotheken und Schulhäusern. Du wirst viele interessante Funde machen.

144.

Lass Deine Kinder die Dinge sehen, die Du für Deine Frau tust. Daraus erkennen sie, wie sehr Du Deine Frau liebst und schätzest.

145.

Verbringe Ferien zu Hause bei Deinen Eltern.

146.

Erfinde ein kleines Handzeichen, das nur Deine Frau kennt, so dass Du ihr quer durch einen überfüllten Saal zeigen kannst, dass Du sie liebst.

147.

Pass auf Segelschiffe, Motorboote und andere Fahrzeuge auf. Sie könnten Dir schnell eine schmerzliche Lektion erteilen.

148.

Manches muss ausserordentlich gut erledigt werden. Einiges muss einfach erledigt werden. Anderes muss gar nicht erledigt werden. Erkenne, welche Dinge wohin gehören.

149.
Hast Du Probleme mit einem Produkt oder bist Du mit den Dienstleistungen einer Firma nicht zufrieden, beschwere Dich bei der obersten Stelle. Schreibe an den Direktor und dann fasse mit einem Telefonat nach.

150.
Zahle Deine Rechnungen pünktlich. Wenn Dir das nicht möglich ist, schreibe Deinen Gläubigern einen Brief und erkläre ihnen Deine Lage. Schicke ihnen jeden Monat Geld, auch wenn es nur eine kleine Summe ist.

151.
Wenn Du einer Frau die Hand gibst, drücke sie nicht fester als sie die Deine.

AMETHYST/DRUSE
Uruguay

152.

Sei offen und kontaktfreudig.
Der nächste Mensch,
den Du triffst, könnte Dein
bester Freund werden.

153.

Gib nicht auf: Nur eine Sekunde länger auszuhalten als Dein Konkurrent macht Dich zum Sieger.

154.

Melde Dich bei Deinen Verwandten und Freunden telephonisch an, bevor Du sie besuchst.

155.

Verwechsle kleine Unannehmlichkeiten nicht mit richtigen Problemen.

156.

Spreche nie Drohungen aus, wenn Du nicht die Absicht hast, sie auch auszuführen.

157.

Denke daran, dass keine Zeit je verloren ist, die zwei Menschen zu besseren Freunden macht.

158.

Gehe zu Fuss die Treppe hoch, wenn es weniger als vier Stockwerke sind.

159.

Höre auf Deine Kritiker. Sie machen Dich zielstrebig und innovativ.

160.

Sage nie nein, bevor Du die ganze Geschichte gehört hast.

161.

Folge Deiner Berufung.

162.

Denke daran, dass ein guter Preis nicht notwendigerweise derjenige ist, mit dem ein Gegenstand angeschrieben ist, sondern der Wert, den Du ihm selber beimisst.

163.

Wirst Du in ein Restaurant zum Essen eingeladen, achte darauf, dass Deine Bestellung nicht teurer ist als die Deines Gastgebers.

164.

Überlege es Dir zweimal, bevor Du Dich entscheidest, für eine Arbeit nichts zu verlangen. Unbezahlte Arbeit wird meistens nicht geschätzt.

165.

Stelle nie berufliche Fragen an Ärzte, Treuhänder oder Anwälte, wenn Du Dich an einem gesellschaftlichen Anlass befindest.

166.

Verrichte Deine Arbeit gut, nicht weil Du musst, sondern weil Du willst. Auf diese Weise bist Du nicht der Befehlsausführende Deines Vorgesetzten, sondern Dein eigener Chef.

167.

Zweifle, bevor Du kritisierst.

168.

Sage nie etwas Unschmeichelhaftes über den Hund eines anderen.

169.

Für den Fall, dass einmal der Strom ausfällt, bewahre in der Küche und im Schlafzimmer Kerzen und Zündhölzer auf.

170.

Setze Deinen Angestellten hohe Ziele und hilf ihnen, sie zu erreichen.

171.

Iss ein Stück Schokolade gegen schlechten Mundgeruch, verursacht durch Zwiebeln oder Knoblauch.

172.

Schenkst Du jemandem ein Buch, schreibe eine kleine Widmung hinein.

173.

Feiere jedes Jahr den Tag, an dem Du das erste Rendez-vous mit Deiner Frau hattest.

174.

Wenn Du eine Menge Geld verdienst,
hilf damit andern, so lange Du lebst.
Das ist die grösste Befriedigung,
die der Reichtum Dir geben kann.

175.

Kaufe kein Fauteuil oder Sofa, ohne vorher einige Minuten darauf gesessen zu haben.

176.

Lache nie über die Träume anderer.

177.

Verbringe auch etwas Zeit mit Dir allein.

RAUCHQUARZ
Österreich

178.

Wenn Du Dir Sorgen machst und anfängst, Schreckensbilder auszumalen, musst Du den Punkt kennen, wann Du damit aufhören musst.

179.

Gib Deine Kreditkarte-Nummer nie jemandem per Telefon bekannt, ausser wenn Du selbst anrufst.

180.

Sei misstrauisch gegenüber einem Chef, der mehr Sitzungen plant als Entscheidungen trifft.

181.

Ermögliche einem armen Kind, in ein Ferienlager zu gehen.

182.

Sei Deinen Kindern der beste Lehrer und Trainer.

183.

Schlage immer 15% zur berechneten Reisezeit dazu.

184.

Unterbreche nie jemanden, der Komplimente macht.

185.

Ermutige Deine Mitmenschen, anstatt sie zu entmutigen.

186.

Fahre nie in einem Wagen mit, wenn der Fahrzeuglenker getrunken hat.

187.

Wenn Du unsicher bist, wie du jemanden entlöhnen sollst, frage ihn, was er angemessen findet. Du wirst fast immer eine vernünftige Antwort erhalten.

188.

Lese während Deiner Ferien viel, doch nichts, was mit Deinem Beruf zu tun hat.

189.

Lerne Nadel und Faden, Bügeleisen und Kaffeemaschine zu gebrauchen.

190.

Verpasse keine Gelegenheit, Dir von jemandem den Rücken massieren zu lassen.

191.

Denke daran, dass Unwissenheit Dich teuer zu stehen kommen kann.

192.

Sei mit älteren Menschen besonders höflich und geduldig.

193.

Fotografiere oder filme die Gegenstände in Deinem Haus für allfällige Schadenfälle. Vergiss den Inhalt von Schränken und Schubladen nicht, bewahre den Filmstreifen bei Deiner Bank auf.

194.

Geh einmal im Jahr irgendwo hin, wo Du noch nie gewesen bist.

195.
Denke daran, dass das höchste Prinzip der menschlichen Natur die Suche nach Anerkennung ist.

196.
Setze nie etwas aufs Spiel, das zu verlieren Du Dir nicht leisten kannst.

197.
Lächle, wenn Du den Telefonhörer abnimmst. Der Anrufer wird es in Deiner Stimme bemerken.

198.
Kümmere Dich um Deine eigenen Angelegenheiten.

199.

Kaufe einen roten Schirm. Er ist leichter zu finden unter all den schwarzen und zudem gibt er einem Regentag etwas Farbe.

200.

Parkiere gegen das Ende eines Parkplatzes; Deine Autotüren werden nur halb so oft beschädigt.

201.

Erweitere die private Bibliothek Deiner Kinder. Schenke ihnen jeweils zum Geburtstag eine gebundene Ausgabe eines Kinderbuch-Klassikers. Fange gleich beim ersten Geburtstag an.

202.

Denke daran: was Du gibst,
bringt Dir mehr Freude,
als was Du bekommst.

BUNTKUPFERKIES
Deutschland

203.

Liebe leidenschaftlich mit Leib und Seele. Du könntest dabei verletzt werden, doch es ist der einzige Weg zu einem erfüllten Leben.

204.

Akzeptiere einen Kompromiss, wenn er Dir angeboten wird.

205.

Nimm die Dienste eines Reisebüros in Anspruch; es kostet nicht mehr und spart Zeit und Energie.

206.

Denke daran: «Das Leben setzt sich zusammen aus 10%, was mir passiert, und 90%, wie ich darauf reagiere.»

207.

Manchmal ist es ein Glücksfall, das, was man gerne haben möchte, nicht zu erhalten.

208.

Fährst Du auf einer Nebenstrasse, halte an, wenn Bauern ihre Produkte zum Verkauf anbieten.

209.

Wenn Du mit Deinem Arzt sprichst, lass nicht zu, dass er die Konsultation vorzeitig abbricht. Es geht um Deinen Körper und um Dein Geld. Gehe nicht, bis alle Deine Fragen zu Deiner Befriedigung beantwortet sind.

210.
Sei besser vorbereitet, als Du es eigentlich für notwendig hältst.

211.
Verdanke Geschenke unabhängig von ihrem Wert und ihrer Grösse.

212.
Überrasche gelegentlich einen alten Freund mit einem Telefonanruf.

213.
Wenn Du Deine persönlichen Werte, Deine Gesundheit oder die Sicherheit Deiner Familie verteidigst, entschuldige Dich nie für Dein Vorgehen oder Deine Entscheidungen.

214.

Wenn Du jemandem Geld leihst, versichere Dich, dass sein Charakter die gebotenen Sicherheiten übertrifft.

215.

Der Weg nach oben hat viele Stufen. Der nach unten nur eine einzige.

216.

Mute Dir manchmal etwas mehr zu, als Du zu bewältigen glaubst.

217.

Trage Hemd und Krawatte für ein Vorstellungsgespräch, selbst wenn es darum geht, Güterwagen zu entladen.

218.

Frage Dich ab und zu, was Du gerne tun möchtest, wenn das Geld keine Rolle spielen würde.

219.

Wie Du etwas sagst, ist ebenso wichtig, wie das, was Du sagst.

220.

Lebe mit Deinem neuen Haustier ein paar Tage zusammen, bevor Du ihm einen Namen gibst. Der richtige Name fällt Dir dann von selbst ein.

221.

Wenn Du Bildhauer bei der Arbeit siehst, halte an und schaue ihnen zu.

222.

Der Charakter Deines Kindes
ist wie die gute Suppe;
beide sind hausgemacht.

223.
Besuche Freunde oder Verwandte, wenn sie im Spital sind. Du brauchst nur kurze Zeit zu bleiben.

224.
Wenn Du im Leben stolperst und hinfällst, stehe sofort wieder auf und gehe weiter.

225.
Verwende Deine Zeit mit Kreieren und nicht mit Kritisieren.

226.
Tausche Deine Redlichkeit nie ein gegen Geld, Macht oder Ruhm.

BERGKRISTALL AUF MUTTERGESTEIN
Schweiz

227.

Sei ebenso grosszügig gegenüber den schwachen Seiten Deiner Freunde, wie gegenüber Deinen eigenen…

228.

Lass Dir von einem Kind in Ruhe etwas erklären.

229.

Wenn Du «Nein» meinst, dann sag es klar und unmissverständlich.

230.

Glaube nicht, dass Leute, die zur Elite ihrer Berufsgattung gehören, auf alles eine Antwort haben. Sie haben sie nicht.

231.

Lass abends die Aussenlampe brennen, bis die ganze Familie zu Hause ist.

232.

Andere haben auch das Recht, eine eigene Meinung zu haben.

233.

Denke daran, dass jeder Mensch, den Du triffst, unausgesprochen den Wunsch hat: «Beachte mich und lass mich fühlen, dass ich jemand bin.»

234.

Lass Deine Kinder ihr eigenes Leben führen, und nicht das Deiner Träume.

235.

Es gibt immer Leute, die Dich in Deinen Taten hindern möchten. Ignoriere sie einfach!

236.

Wenn Du auf Reisen gehst, lass den kostbaren Schmuck zu Hause.

237.

Kaufst Du einen Gegenstand, der über DM 50.– kostet, erkundige Dich im Geschäft über Umtauschmöglichkeiten.

238.

Du darfst Dich aussergewöhnlich kleiden. Doch denke daran, je ausgefallener Deine Kleidung ist, desto besser musst Du sein.

239.

Bist Du zu jemandem freundlich oder grosszügig gewesen, erinnere ihn nie daran. Tue etwas Gutes und vergiss es dann.

240.

Nähere Dich Pferden und Gaststätten nie von hinten.

241.

Werde bei verbalen Auseinandersetzungen um so leiser, je lauter die andere Person wird.

242.

Schenke Kindern Spielsachen, die von der Phantasie angetrieben werden und nicht von Batterien.

243.
Probierst Du neue Schuhe an, müssen sie von Anfang an bequem sitzen. Glaube dem Verkäufer nicht, der sagt: «Die Schuhe werden perfekt passen, sobald Sie sie eine Zeitlang getragen haben.»

244.
Lade Deine Eltern wieder einmal auswärts zum Essen ein.

245.
Sobald Du verheiratet bist, fange an, für die Ausbildung Deiner Kinder zu sparen.

246.
Lass alle drei Jahre eine Foto von Dir durch einen Fotografen machen.

247.

Offeriert Dir jemand ein Pfefferminz-Bonbon, nimm es dankend entgegen.

248.

Lese jedes Jahr einige Bücher, die mit einem Preis ausgezeichnet worden sind.

249.

Ein leeres Herz kannst Du nicht mit Geld füllen.

250.

Wenn Du Geld borgen gehst, zieh Dich so gut an, als ob Du jede Menge davon hättest.

251.

Bringe Deine Adresse innen und aussen an Deinen Gepäckstücken an.

252.

Beurteile Menschen
von ihrem Standpunkt aus,
nicht von Deinem.

GERADHORN/ORTHOCERAS, VERSTEINERUNG
Alter: 400 Mio. Jahre Marokko

253.

Unterschreibe nie einen Vertrag mit leeren Stellen.

254.

Verwerfe Vorurteile, die sich auf Rassen, Geschlecht, Religion oder Alter beziehen.

255.

Wenn ein Kleidungsschildchen warnt: «Nur chemisch reinigen», glaube es.

256.

Bewirbt sich eine fähige Frau oder ein fähiger Mann für ein politisches Amt, unterstütze sie.

257.

Wie immer auch die Umstände sein mögen, reagiere ruhig und beherrscht.

258.

Denke daran, dass jeder Mensch,
dem Du begegnest, vor irgend etwas Angst hat,
irgend etwas liebt und irgend etwas verloren hat.

259.

Gehe an die Liebe und ans Kochen
mit unbekümmerter Hingabe heran.

260.

Lerne «Ich liebe Dich» auf englisch, italienisch
und französisch zu sagen.

261.

Weigere Dich, persönliche oder finanzielle
Informationen über Dich mitzuteilen, ausser
wenn Du es für absolut nötig erachtest.

262.
Wenn Du im Freien bist, stelle das Radio leiser ein.

263.
Wenn Du Dich entschuldigst, sieh der Person in die Augen.

264.
Merke Dir: Wenn Du aus Verhandlungen nichts Schriftliches bekommst, wirst Du möglicherweise nie etwas bekommen.

265.
Wende beim Kauf eines Gebrauchtwagens die gleiche Vorsicht an wie ein nackter Mann beim Klettern über einen Stacheldrahtzaun.

266.
Sei der erste, der verzeiht.

267.
Traue Deinem Gedächtnis nicht, mache Notizen.

268.
Trage eine Schutzbrille, wenn Du mit einer Häckselmaschine oder einer Motorsäge arbeitest.

269.
Packe den Zufall beim Schopf, wenn es darum geht, aus einem Vorteil Nutzen zu ziehen.

270.
Denke daran, dass Schweigen manchmal die beste Antwort ist.

271.
Kaufe eine günstige Pocket-Kamera.
Nimm sie überall hin mit.

272.
Öffne Deiner Frau die Fahrzeugtüre und sei ihr behilflich beim Anziehen des Mantels.

273.
Möchtest Du jemanden besser kennenlernen, lass ihn fünf Personen nennen, die er am liebsten treffen würde. Das sagt viel über ihn aus.

274.
Trage Sorge zu allen Kreaturen. Wenn Du einen Frosch oder Igel die Strasse überqueren siehst, hilf ihm, auf die andere Seite zu gelangen.

275.
Unterschreibe alle Garantiescheine und sende sie unverzüglich ein.

276.
Beantworte die leichten Fragen zuerst.

277.
Nimm Deinen eigenen Wecker auf Reisen mit, der Weckdienst in Hotels ist oft unzuverlässig.

278.
Respektiere Leute besonders, die für andere die schmutzige Arbeit verrichten müssen.

279.
Schreibe einen Liebesbrief von Hand und nicht auf einer Schreibmaschine.

280.

Führe ein gutes und ehrenwertes Leben. Wenn Du dann älter bist und zurückdenkst, kannst Du Dich ein zweites Mal daran freuen.

281.

Bedenke, dass das Leben zu kurz ist, um keine Zeit zu haben.

282.

Reinige den klebrigen Honigtopf, bevor Du ihn wieder in den Schrank stellst.

283.

Melde Dich als Freiwilliger. Manchmal verbirgt sich hinter Aufgaben, die niemand machen will, eine grosse Gelegenheit.

DISTEHN/CYANIT
Frankreich

284.
Kaufe drei preisgekrönte Kinderbücher. Lese sie und schenke sie dann einem Kind.

285.
Setze Dich für Deine Frau ein. Sei ihr bester Freund und grösster Liebhaber.

286.
Reise nicht mit teuren Taschen und Koffern. Es ist ein Hinweis für Diebe, dass sich darin wertvolle Gegenstände befinden könnten.

287.
Wenn jemand Dir eine Frage stellt, die Du nicht beantworten möchtest, lächle und frage: «Wieso möchten Sie das wissen?»

288.
Entschuldige Dich umgehend, wenn Du Deine Geduld verloren hast, speziell gegenüber Kindern.

289.
Stelle Leute eher wegen ihres gesunden Menschenverstandes ein als nur wegen ihrer Fachkenntnisse.

290.
Lass einige Dinge geheimnisvoll bleiben.

291.
Verrichte Deine Arbeit gewissenhafter als andere. Das ist die beste Sicherheit für Deinen Arbeitsplatz.

292.

Prüfe Hotelrechnungen genau, besonders die Belastungen für Orts- und Ferngespräche.

293.

Gewinne, ohne damit zu prahlen.

294.

Sei mindestens sechs Monate verlobt, bevor Du heiratest.

295.

Mache aus Feinden Freunde, indem Du ihnen eine Liebenswürdigkeit erweist.

296.

Verteile Unterlagen zu Deiner Präsentation erst nach Deinem Vortrag, nie vorher.

297.
Sei zum Portier ebenso freundlich wie zum Vorsitzenden der Firma.

298.
Jeder Mensch hat eine Schutzzone, respektiere sie.

299.
Gib Deinen Kindern die Möglichkeit, sich mit den Folgen ihrer Taten auseinanderzusetzen.

300.
Wenn Du mit dem Flugzeug reist, packe keine wertvollen Gegenstände oder Originaldokumente in den Koffer. Nimm sie in die Kabine mit.

301.

Lerne Dein liebstes Lieblingsgedicht auswendig.

302.

Achte auf Deine Haltung, es ist das erste, was die Leute an Dir bemerken.

303.

Die beste Liebesbeziehung beruht auf der Liebe füreinander und nicht auf der Abhängigkeit voneinander.

304.

Fühlst Du Dich grossartig, zeige es auch in Deinem Gesicht.

305.

Gehe mit den Quellen der Natur sanft um.

306.

Halte die Hand
Deines Kindes, wann immer
Du Gelegenheit dazu hast.
Nur allzu schnell kommt
die Zeit, wo es Deine Hand
nicht mehr will.

307.
Bist Du auf Reisen, rufe Zuhause an und sage, dass es Dir gut geht.

308.
Behandle Deine Angestellten mit demselben Respekt wie Deine Kunden.

309.
Dein Handschlag sei ebenso verbindlich wie ein unterschriebener Vertrag.

310.
Halte die Hand vor Deinen Mund, wenn Du gähnst.

311.
Verwechsle Bequemlichkeit nicht mit Glück.

OBSIDIAN
Italien

312.
Missbrauche niemals das in Dich gesetzte Vertrauen.

313.
Denke daran, dass kein Augenblick, den Du mit Deinen Kindern verbringst, vergeudet ist.

314.
Organisiere ein Essen im Freien für Deine Kinder und ihre Freunde.

315.
Akzeptiere das schlechte Benehmen anderer nicht.

316.
Verwechsle Reichtum nicht mit Erfolg.

317.
Sei nicht überempfindlich. Akzeptiere Kritik und Lob mit gleicher Würde.

318.
Gib nie ein Geschenk, das nicht schön eingepackt ist.

319.
Halte immer ein Paket Papiertaschentücher im Handschuhfach bereit.

320.
Treffe Dich regelmässig mit jemandem, der ganz andere Ansichten hat als Du.

321.
Lerne eine gute Spaghetti-Sauce zu kochen. Das Rezept Deiner Mutter ist das beste.

322.
Verkünde nie voreilig einen Sieg.

323.
Werde ein Naturfreund.

324.
Lege immer etwas in den Sammelteller.

325.
Bei Meinungsverschiedenheiten vertrete Deinen Standpunkt mit Vernunft. Gebrauche keine Schimpfworte.

326.
Lass Deinen Abenteuergeist immer wieder einmal über Deinen gesunden Menschenverstand triumphieren.

327.

Bete! Es liegt eine unermessliche Kraft darin.

328.

Pochst Du auf Deine Rechte, vergiss Deine Pflichten nicht.

329.

Wirf Früchteabfälle nicht in den Papierkorb.

330.

Bezahle gute Babysitter grosszügig.

331.

Wenn Du fischen, wandern oder skilaufen gehst, wickle ein paar dicke Gummibänder um Deine Geldbörse, um zu verhindern, dass sie Dir aus Deiner Tasche rutschen kann.

332.

Spreche langsam, aber denke schnell.

333.

Alle Menschen lieben Komplimente; überlege, wo Du sie machen kannst.

334.

Hast Du ein eigenes Geschäft, kümmere Dich selbst darum. Niemand setzt sich so ein wie Du.

335.

Denke daran, dass auch Du einmal ein Kind gewesen bist.

336.

Gute Freunde, gute Gesundheit und eine gute Ehe sind nicht selbstverständlich.

MALACHIT
Zaire

337.
Habe Vertrauen in Gott, doch schliesse Dein Fahrzeug trotzdem ab.

338.
Ermuntere jeden, der versucht, sich geistig, körperlich oder seelisch zu verbessern.

339.
Entferne Deine Haare aus dem Duschablauf.

340.
Kaufe keine billige Matratze.

341.
Beruhige Dich selbst, wenn Du zornig bist und lass die Wut nicht an andern aus.

342.

Hilf einem Kind, einen kleinen Garten anzulegen.

343.

Lass keine Gelegenheit ungenützt verstreichen, mit Deiner Frau zu tanzen.

344.

Bleibe nicht tatenlos, wenn Du glaubst, nur wenig tun zu können. Tue, was Du kannst.

345.

Ziehst Du in ein neues Quartier um, mache sogleich Bekanntschaft mit Deinen Nachbarn.

346.

Denke nicht, dass eine teure Ausrüstung den Mangel an Talent und Übung ersetzen kann.

347.

Mache keine Geschäfte mit Leuten, welche schon oft prozessiert haben.

348.

Schäme Dich nicht, wenn Du manchmal zu laut lachst oder zu laut fröhliche Lieder singst.

349.

Lerne ein paar einfache Zaubertricks.

350.

Ein gutes Beispiel zu geben ist mehr wert als die beste Predigt.

351.

Bezahle die extra 10 Mark für bessere Plätze im Schauspielhaus oder in der Konzerthalle.

352.

Möchtest Du einen beruflichen Rat, wende Dich an einen Fachmann und nicht an Deine Freunde.

353.

Lege an einem kühlen Abend Deine Jacke um die Schulter Deiner Freundin.

354.

Kaufe nie elektrische Geräte auf dem Flohmarkt.

355.

Trage immer ein kleines Taschenmesser mit Dir.

356.

Wenn Deine Frau noch schläft, kleide Dich im Dunkeln an.

357.

Kaufe Leitern, Verlängerungskabel und Gartenschläuche länger, als Du sie im Moment brauchst.

358.

Schicke am Geburtstag Deiner Frau einen Blumenstrauss an Deine Schwiegermutter.

359.

Vergeude keine Zeit mit Musik, die Dir nicht gefällt. Verbringe Deine Zeit mit der Musik, die Du liebst.

360.

Denke daran, dass Sorgen und Stress Deine Lebenszeit verkürzen.

BERGKRISTALL MIT CHALKOPYRIT
Peru

361.

Überlege gut, bevor Du das niedrigste Angebot annimmst.

362.

Wenn Du in Deinem Leben einen Konflikt hast, behandle nur das gegenwärtige Problem; lass die Vergangenheit beiseite.

363.

Verbringe mehr Zeit mit Deiner Familie.

364.

Mache jeden Tag 100 Freiübungen;
50 am Morgen und 50 am Abend.

365.

Lass andere ausreden.

366.

Lege Deine Träume
im Interesse Deiner Kinder
zur Seite und hilf ihnen,
ihre eigenen Träume
Wirklichkeit werden zu lassen.

PERSÖNLICHE GEDANKEN

PERSÖNLICHE GEDANKEN

Gestaltung und Fotos: Eugen Hettinger

Printed in Switzerland

Modèle déposé BIRPI

2. Auflage

ı der Reihe Lichtquellen und in gleicher Aufmachung mit 365 Texten aus der Welt-teratur sind bisher erschienen:

ɔ5 Beobachtungen und
atschläge für ein sinnvolles Leben
ɔn Jackson Brown

Ausgewählte Bibeltexte mit
Schlagwortverzeichnis
und Zeugnis grosser Menschen